주남저수지의 겨울 철새들

지재원 글 이외선 그림

꿈을 담는 수채화 동화책 5

중국 쑹화강 주변의 쑹화호에 수많은 철새들이 모였습니다. 철새들은 하늘로 날아오르거나 물 속으로 자맥질을 하고 있습니다.
다정한 고니 부부는 새끼들을 데리고 물갈퀴로 헤엄치면서 먹이 찾는 법을 가르치고 있습니다.
"얘야, 목을 더 꼿꼿하게 세워야지."
"이렇게?"
"그렇지."

청둥오리 부부도 잠수 방법을 가르치고 있습니다. 새끼들은 처음으로 물 속에 머리를 집어넣고 자맥질을 합니다. 무섭지만 물고기를 잡기 위해서는 꼭 배워야 합니다.
"숨을 멈추고 고개를 먼저 물 속에 집어넣어야지!"
"이렇게?"
"응, 잘한다."

재두루미 부부도 호숫가 논에서 새끼들에게 갯
지렁이 찾는 법을 가르치고 있습니다. 새끼 재두
루미들은 엄마처럼 다리를 넓게 벌리고 걸으면서
긴 목을 빼어들고 고개를 끄떡이며 걷습니다.
"그래, 그래, 아주 잘 한다."

철새들은 텃새처럼 한 곳에 머물면서 사계절을 다 보내고 살 수 없습니다. 만약 따뜻한 나라로 날아가지 않고 계속 머물다가 기온이 떨어지면 추위를 이겨내지 못하고 얼어 죽고 맙니다. 그래서 날씨가 추워지기 전에 따뜻한 남쪽 나라로 날아가야 합니다. 새끼들을 데리고 수만리 먼 길을 날아가야 하는 철새 엄마들은 걱정이 이만저만이 아닙니다.

철새 엄마들이 모였습니다. 청둥오리 엄마도, 고니 엄마도
입을 모아 말합니다.
"멀리 날아 갈 수 있도록 날갯짓 연습을 많이 해야 해요."
"맞아요. 이 주변은 쉽게 날아오르지만 남으로 가는 먼 길을
 적응해 가기에는 아직 무리예요."
"곧 먼 길을 떠나야 되는데 아이들에게 가르쳐야 할 것들이
 너무 많아요."

노랑부리저어새 엄마도, 청둥오리 엄마도 말했습니다.
"아직도 먹이 찾는 법을 잘 몰라요."
"헤엄치는 법, 물 속으로 자맥질하는 법을 가르쳐야 해요."

기러기 엄마도 고니엄마도 따뜻한 남쪽나라로 날아가야 하는 대이동만 생각하면 걱정이 이루 말 할 수 없습니다.
　"줄을 맞추어 나는 법, 매와 수리 등의 맹수를 피하는 법을 가르쳐야 합니다."
　"어마어마하게 큰 비행기를 피하는 법이 제일 중요합니다."
　"비행기 가까이 가면 정말 큰일입니다."

"물을 박차고 하늘로 날아오르는 법, 물 위에 살짝
내려앉는 법도 가르쳐야 해요."
"아이고, 정말 바쁘다. 바빠."

재두루미 엄마도 아이들을 걱정하며 말하였습니다.
"풀 속에 숨어있다가 갑자기 덤벼드는 오소리나 삵의 공격
을 피하는 법도 가르쳐야 해요. 그렇지 않으면 언제 잡혀 먹
힐지 몰라요."

날씨가 점차 싸늘해져 갑니다. 철새 엄마들은 부저런히 새끼들을 가르쳤습니다. 물 위를 달리다가 하늘로 날아오르는 법과 물 위에 살짝 내려 앉는 법, 물 속에서 눈을 뜨고 헤엄쳐 부리로 고기를 잡는 법 등은 새끼 철새들에게 꼭 필요한 것입니다.

　드디어 철새들이 이동할 시간이 다가왔습니다. 수만 리를 날아 가는 일은 목숨을 건 중요한 일입니다. 기러기 무리들은 철새 무리 중에서 제일 먼저 길을 떠나기로 하였습니다.

　수많은 기러기들이 하늘로 날아올랐습니다. 대열의 중앙 제일 앞에서 대장 기러기가 무리들을 이끌었습니다. 무리들은 'ㄱ' 자 형태로 줄을 잘 맞추어서 날았습니다.

"줄을 잘 맞추어라!"
"자기 옆에 누가 있는지 확인해라!"
 그러나 몇 마리의 새끼 기러기들이 한 눈을 팔았습니다. 잠깐 사이에 새끼 기러기 몇 마리가 대열에서 멀어졌습니다.
 무리에서 떨어져 나온 새끼 기러기들은 방향을 몰라서 갈팡질팡하였습니다. 불안한 새끼 기러기들은 너무 지쳐서 날갯짓이 힘들어졌습니다.
"파다닥! 파다닥!"
"커~억! 커~억!"
 무리에서 떨어져 나온 새끼 기러기들은 덜컹 겁이 났습니다. 노을이 지는 저녁 하늘에 새끼 기러기들의 울음 소리가 구슬프게 울려 퍼졌습니다.

　재두루미 가족도 하늘을 날아올랐습니다. 목을 길게 앞으로 내밀고 다리는 꼬리쪽으로 쭉 뻗어서 몸에 붙였습니다. 그리고 큰 날개로 천천히 날갯짓을 하였습니다.
　그런데 갑자기 무시무시한 굉음이 들려왔습니다. 비행기가 빠른 속도로 재두루미 대열로 다가오고 있었습니다.

큰일입니다. 만약 비행기를 만나게 되면 많은 새들이 비행기에 부딪혀 죽을 수도 있습니다.
다급하게 대장 재두루미가 큰 소리로 명령을 내렸습니다.
"비상! 비상이다!"
"빨리 고도를 낮춘다! 비행기다!"
다행스럽게 비행기는 재두루미 대열보다 높게 날아서 갔습니다.
"휴~, 살았다! 다행이다."
"자, 여러분 비행기가 지나갔습니다. 여러분 힘을 내세요!"

철새들 중 덩치가 제일 큰 고니들도 대이동을 시작하였습니다. 덩치가 큰 고니는 육상 선수처럼 땅위를 빠르게 달리다가 하늘로 날아 오릅니다. 마치 비행기가 전속력으로 달리다가 하늘로 떠오르는 것과 같습니다.

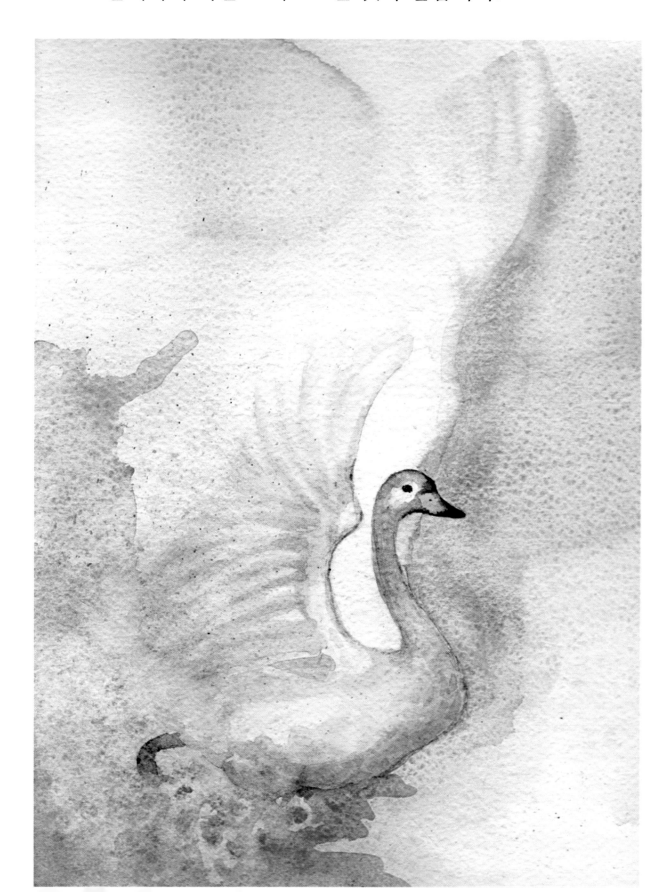

　덩치가 큰 고니들은 바람의 영향을 많이 받습니다. 바람이 뒤에서 불어주면 힘을 많이 들이지 않고 날갯짓을 할 수 있습니다. 대이동에 경험이 많고 바람의 방향을 잘 알고 있는 대장 고니가 말합니다.
　"바람을 잘 타도록 해라!"

　청둥오리들도 대이동을 시작했습니다. 대장 오리가 신호를
주자 물에서 놀고 있던 청둥오리들이 동시에 물칼퀴로 물을
박차고 날갯짓을 하면서 하늘로 날아 올랐습니다. 청둥오리들
이 줄을 지어 남쪽 나라로 날아가고 있는데 위험한 일이 일어
났습니다.
　하늘 높은 곳에서 굶주린 매들이 빙빙 돌면서 청둥오리들을
노리고 있습니다. 매들은 대열에서 떨어져 뒤처지는 오리를
노리고 있었습니다.

　대열의 제일 앞에서 날고 있던 대장 오리는 감짝 놀랐
습니다.
　"비상! 비상이다! 검은 매들이 나타났다!"
　"절대 대열에서 떨어지지 말아라!"
　"대열에서 벗어나면 매에게 잡혀 먹힌다!"

　철새들은 남쪽의 따스한 곳으로 쉼없이 날갯짓을 합니다.
처음으로 수만리 길을 날아보는 새끼 철새들은 너무나 힘
든 길입니다. 그러나 포기하지 않고 끝까지 날아갑니다.
대장 철새들은 그런 새끼 철새들을 잘 알고 있기 때문에 힘
을 낼 수 있도록 말합니다.
　"자,이제 조금만 더 날아가면 된다. 힘을 내라!"

제일 먼저 남쪽으로 날아갔던 기러기 무리에서 한눈을 팔다가 대열에서 떨어져 나온 새끼 기러기들은 운좋게 늦게 출발한 청둥오리들을 만났습니다.
　"어이, 기러기들! 너희들은 왜 떨어졌어?"
　"예, 한 눈 파는 사이에 대열에서 떨어졌습니다."
　"자, 이제 안심하고 우리와 함께 날아가면 부모님들을 만날 수 있을 거야!"
　대열에서 떨어져 길을 헤매면서 울고 있던 새끼 기러기들은 있는 힘을 다해서 날갯짓을 하였습니다.

중국 쑹화강에서 창원의 주남저수지까지는 너무 멀어서 중간에 한 번 쉬어가야 합니다. 철새들은 충청남도 서산시의 천수만에서 쉬어갑니다. 노을이 내려앉은 천수만의 간월호에는 수많은 철새들이 모여들었습니다.

기러기 엄마들이 목을 빼고 새끼들을 기다리고 있었습니다. 청둥오리들과 함께 날아온 새끼기러기들은 엄마를 만나자마자 울음을 터뜨렸습니다.

"엄마~엄마!"

"그래 내 새끼들, 다시는 한눈 팔지 말아라!"

"청둥오리 엄마들, 우리 아이들 잘 데리고 와 줘서 정말 고마워요."

먼 길을 날아오면서 많이 지친 철새들은 모두 모여서 자맥질도 하고 먹이활동을 하면서 쉬고 있었습니다. 한 달 동안 간헐호에서 푹 쉬고 다시 경남 창원의 주남저수지로 날아갈 것입니다. 그렇게 한 달쯤 간헐호에서 먹이 활동을 하던 철새 엄마들이 다시 모였습니다.

"언제쯤 떠나는 것이 좋을까요?"

"모레쯤이면 비도 오지 않고 바람도 남으로 불 것 같아요!"

철새들은 창원의 주남저수지를 향하여 또 다시 하늘로 날아올랐습니다. 수평선에서 떠오르는 아침 햇살을 받으며 수많은 철새들이 하늘을 수 놓았습니다.
기러기, 고니, 청둥오리, 재두루미, 노랑부리저어새 등 많은 철새들이 하늘로 날아올랐습니다.

철새 무리들은 최종 목적지인 창원의 주남 저수지에 내려
앉았습니다. 주남 저수지에는 추운 나라에서 온 수많은 철
새들로 붐볐습니다. 철새 엄마들이 새끼들을 데리고 물위
를 노닐면서 말했습니다.
　"우리 새끼들 정말 대단해요! "
　"올해는 아무 사고가 없어서 정말 다행이예요!"
　"작년에는 비행기를 만나서 많은 철새들이 죽었잖아요!"
　"뿐만 아니라 날씨도 따뜻하고 먹이도 많아서 올 겨울 지
내기는 걱정이 없겠네요!"

주남 저수지에는 녹색의 연꽃이 시들어 잎은 지고 마른
연대만 서 있습니다. 철새들이 그 사이를 헤엄쳐 다닙니다.
기러기 엄마가 말합니다.
　"우리 아이들 공부 시킵시다!"
　"얘들아, 따라 해봐라!"
　"기~역!"
새끼들이 따라합니다.
　"끼~억!"
　주남저수지에 모인 철새들이 공부하는 소리가 곳곳에 울
려 퍼집니다.
고니 엄마도 새끼들을 데리고 다니면서 한글 공부를 시킵
니다.
　"구~규! 가~갸! 거~겨!"

철수는 엄마와 함께 주남 저수지의 철새들을 보기 위해 왔습니다. 저수지에는 여러 종류의 철새들이 헤엄쳐 다니고 있었습니다. 덩치 큰 하얀 고니들과 청둥오리들, 기러기와 목이 긴 재두루미, 노랑부리저어새들도 보았습니다.

"엄마, 철새들이 한글공부를 하는가봐요! 들어 보세요!"
"맞네, 기역! 가! 갸! 구! 규! 하네!"
마른 연잎대는 꺾어져서 물에 비친 모습이 'ㄱ'처럼 보입니다.
철새들은 그 사이를 헤엄치며 즐겁게 소리를 내고 있습니다.

주남저수지의 겨울 철새들

- 꿈을 담는 수채화 동화책 5 -

지재원 글
시사문단 등단(2010년 3월 1일)
마누라와 산에 간다(1~3권 2010~2013년 대경북스)
우리는 해바라기(시화집 2012년 대경북스)

이외선 그림
예쁜 꽃 수채화 그림책 (2020년 창조와 지식)
현)한국미협 김해미협 회원
이외선 수채화 화실 운영

초판 1쇄 발행 2020년 12월 10일
글/지재원 그림/이외선
펴낸이/김동명
펴낸곳/도서출판 창조와 지식
디자인/이외선
인쇄처/(주)북모아
출판등록번호/ 제2018-000027호
주소 서울특별시 강북구 덕릉로 144
전화 1644-1814
팩스 02-2275-8577

ISBN / 979-11-6003-279-6

정가 18,000원

지식의 가치를 창조하는 도서출판
www.mybookkake.com   창조와 지식